BEI GRIN MACHT SICH IHR WISSEN BEZAHLT

- Wir veröffentlichen Ihre Hausarbeit, Bachelor- und Masterarbeit

- Ihr eigenes eBook und Buch - weltweit in allen wichtigen Shops

- Verdienen Sie an jedem Verkauf

Jetzt bei www.GRIN.com hochladen und kostenlos publizieren

Der Einfluss des Orakels von Delphi in der großen griechischen Kolonisation

Christof Nöschel

Bibliografische Information der Deutschen Nationalbibliothek:

Die Deutsche Nationalbibliothek verzeichnet diese Publikation in der Deutschen Nationalbibliografie; detaillierte bibliografische Daten sind im Internet über http://dnb.d-nb.de abrufbar.

ISBN: 9783389094464
Dieses Buch ist auch als E-Book erhältlich.

© GRIN Publishing GmbH
Trappentreustraße 1
80339 München

Alle Rechte vorbehalten

Druck und Bindung: Books on Demand GmbH, Norderstedt Germany
Gedruckt auf säurefreiem Papier aus verantwortungsvollen Quellen

Das vorliegende Werk wurde sorgfältig erarbeitet. Dennoch übernehmen Autoren und Verlag für die Richtigkeit von Angaben, Hinweisen, Links und Ratschlägen sowie eventuelle Druckfehler keine Haftung.

Das Buch bei GRIN: https://www.grin.com/document/1522949

Universität Münster
Hausarbeit im Seminar:
Einführung in das Studium der Alten Geschichte: Die große griechische Kolonisation
WISE 2023/24

Der Einfluss des Orakels von Delphi in der großen griechischen Kolonisation

Von Christof Nöschel

Doppel-Bachelor: Geschichte/Kunstgeschichte
1. Semester
29.02.2024

Inhalthaltsverzeichnis

Einleitung 1

Die Entstehungsgeschichte des Orakels von Delphi: 1

Die Befragung des Orakels: 3

Die Rolle Delphis in der griechischen Kolonisation: 6

Der Oikist 8

Gründungsorakel aus Herodots Historien 9

    Kyrene 9

    Der Zug des Dorieus 10

Die Authentizität der Orakelsprüche 11

Fazit 12

Literaturverzeichnis 13

Einleitung

Das antike Griechenland war nicht nur ein Schmelztiegel kultureller Errungenschaften, sondern auch ein Sammelbecken von religiösen Praktiken, bei denen göttliche Führung, Wissen und Weisheit gesucht wurden. In diesem Kontext nahmen die sogenannten Orakel eine besondere Stellung für die archaische Welt ein. Die vorliegende Hausarbeit soll einen Einblick über eines der wohl bekanntesten dieser antiken Orakel geben, nämlich das von Delphi, und dabei insbesondere auf dessen Einfluss und Bedeutung für die große griechische Kolonisation (ca. 750–500 v. Chr.) eingehen.

Im ersten Teil der Arbeit werde ich die auf die mythologische Entstehungsgeschichte bzw. den Ursprung des Orakels eingehen, um den Einfluss auf die griechische Welt darzulegen. Im Folgenden werde ich dann ein Augenmerk auf den genauen Ort der Befragung sowie den Ablauf dieser legen. Dabei werden die Voraussetzungen der Konsultation sowie der Ablauf und die Rolle der Priesterschaft behandelt. Die Hauptliteratur zu dieser Thematik wird sich größtenteils auf George Rouxs "Delphi: Orakel und Kultstätten" beziehen.

Im zweiten Teil tauchen wir tiefer in die eigentliche Rolle des Orakels in der griechischen Kolonisation ein. Hierbei liegt der Fokus auf verschiedenen Gründungsorakeln, die als exemplarische Fallstudien dienen. Dabei werden die Forschungsmeinungen führender Experten dieses Gebietes untersucht und betrachtet.

Abschließend wird die Frage der Authentizität behandelt und ein kritischer Blick auf die Überlieferungen und Interpretationen geworfen, insbesondere inwiefern die Gründungsorakel im Laufe der Zeit verändert wurden und wie damit der historische Gehalt einzuordnen ist.

Die Entstehungsgeschichte des Orakels von Delphi:

Nach griechischem Mythos wollte Zeus herausfinden, wo genau das Zentrum der Welt liege. Daher ließ er zwei Adler von den beiden Enden der Welt aufeinander zufliegen und dort, wo sie sich trafen, sollte ab dann der Omphalos eben diesen Nabel der Welt markieren.[1]

---

[1] Herbert W. Parke, Donald E.W. Wormell, The Delphic Oracle Volume I: The History, Oxford 1956, S.6.

Die Gründung des Orakels ist beschrieben in drei unterschiedlichen antiken Werken: erstens im *Homerischen Hymnus an Apollon*[2], Aischylos beschreibt sie im Prolog der *Eumeniden*[3] und Euripides in *Iphigenie im Trauerlande*[45]. Diese Erzählungen ähneln sich alle etwas, zeigen aber auch Wesentliche Unterschiede auf. So beschreibt der Homerische Hymnus, dass Apollon auf der Suche nach einem geeigneten Ort für ein Orakel vom sagenumwobenen Olymp auf die Erde steigt und diesen bei Krisa, ein alter Name für Delphi, findet. Einer Hinterlist ausgesetzt verschwieg ihm nämlich die Nymphe Telphusa, dass in Krisa ein weiblicher Drache sein Unheil treibt. Diesen besiegt er, tötet Telphusa aus Rache und bekundet, dass der Ort von nun an Pythos heißen solle und richtet das Orakel mit Priestern ein6.

In der Version von Euripides schreibt er von einem jungen Apollon, der ganz ohne Groll die heilige Städte, gleich nach seiner Geburt unter seinen Besitz bringt:

„An Infant still, still frolicking
On your dear mother`s arms,
you killed it, Phoebus, and stepped onto the holy oracular site;
and on the golden tripod you sit, on your undeceiving throne,
dispensing to mortals announcements of divine decrees
from within the shrine, possesing earth`s midmost mansion
beside Castalia streams."[7]

In dieser Fassung ist das Unwesen eine männliche Schlange, deren Name Python ist, die heilige Schlange der Erdmutter Gaia, der wiederum das Orakel vor Apollon gehörte[8].
In der dritten Variante des bereits genannten Aischylos beschreibt dieser im Prolog seiner Euminiden die Übernahme des delphischen Tempels durch Apollon hingegen durch und durch friedlich. So soll Gaia das Orakel Themis, der Göttin des göttlichen Rechts, weiter an die Titanin Pheobe vererbt haben, die es schließlich als Geburtstagspräsent ihrem Enkel Apollon schenkt[9].
So schreibt er:

---

[2]Hom. H. lll.
[3]Aeschyl. Eum.
[4]Eur. Iph. T.
[5]Herbert W. Parke, Donald E.W. Wormell, The Delphic Oracle Volume l: The History, Oxford 1956, S.3.
[6]Hom. H. III, 256-387.
[7]Eur. Iph. T., 1250-1265.
[8]Hugh Loyd-Jones, „The Delphic Oracle", in: Greece and Rome Bd. 23, Nr1, 1976, S. 61.
[9]Hugh Loyd-Jones, „The Delphic Oracle", in: Greece and Rome Bd. 23, Nr1, 1976, S. 61.

„Zeus inspired Apolo with the seer's art
And made him fourth and present prophet on the throne"[10]

Der Unterscheid zu den anderen beiden Überlieferungen, nämlich das Fehlen der Schlange, ist die Darstellung Apollons nicht als Eroberer, sondern als rechtmäßiger Erbe, der ohne Gewalt den Besitz des Heiligtums an sich brachte[11]. Die Autoren Parke and Wormell schreiben etwa: „[…] the keynote of the narrative is dignity and order".[12]

Tatsächlich kann man anhand von Ausgrabungen beweisen, dass schon in spät-helladischer Zeit an dem Ort gesiedelt wurde. Funde belegen, dass dieser recht unbewohnbare Ort inmitten des Parnassgebirges schon um 1500 v. Chr. besiedelt war, was auf einen Kult-Ort schließen lässt, der wahrscheinlich der minoischen Erdgöttin Gaia geweiht war. Apollon löste diese, wohl später in der von uns nur „dunkle Jahrhunderte" genannten Epoche, ab und ersetzte sie zwischen dieser und der hellenistischen Zeit[13].

Zusammenfassend kann man also sagen, dass sich schon die antiken Autoren nicht ganz einig waren, wie das Orakel von Delphi in die Hände des Apollon bzw. dessen Kult gelang, dies jedoch mit verschiedenen Ansätzen betrachteten. Schlussendlich widersprechen sie sich jedoch, was die Herkunft des Gottes anbelangt.

Die Befragung des Orakels:
Wie genau aber Gaia befragt worden ist, lässt sich bis heute nicht zweifelsfrei sagen, ebenso sieht es mit der Befragung Apollons aus, was man aber über den Ablauf weiß, wird im Folgenden zusammengefasst.

Der Ort des Geschehens war der große Apollon-Tempel, der aber nicht dem heutigen Tempel, der aus dem vierten Jahrhundert v. Chr. stammt, entspricht. Dieser wurde auf den Grundmauern des Tempels der Alkmeoniden errichtet, wobei der Grundriss beibehalten wurde und wahrscheinlich auf einem noch älteren Tempel aufbaut, da die Kontinuität der religiösen Praktiken beibehalten werden musste[14]. Nachdem man durch einen von Statuen gesäumten Raum, dem Megaron, schritt, kam man nun zum Allerheiligsten, für das die Griechen mehrere Namen hatten: den „prophetischen Ort" (Manteion), „den Befragungsort" (Chresterion), „dem

---
[10]Aeschyl. Eum. 17-18.
[11]George Roux, Delphi: Orakel und Kultstädten, München 1971, S.48.
[12]Herbert W. Parke, Donald E.W. Wormell, The Delphic Oracle Volume l: The History, Oxford 1956, S. 4.
[13]Herbert W. Parke, Donald E.W. Wormell, The Delphic Oracle Volume l: The History, Oxford 1956, S. 5-7.
[14]George Roux, Delphi: Orakel und Kultstädten, München 1971, S.91.

Laien untersagt" (Adyton)[15]. Dieser Ort war höchstwahrscheinlich eine nur ein paar Treppenstufen tiefe Senke im Boden, um einen Höhenunterschied zum Megaron zu haben, und ihn bedeckte wahrscheinlich kein Pflaster, um so wieder eine Referenz zur Erdgöttin Gaia haben, indem man der Erde der heiligen Städte nun am nächsten war[16].

Doch nun zur Befragung, die nicht die Erfüllung gewisser Voraussetzungen stattfanden durfte. Am Anfang soll das delphische Orakel nämlich nur einmal im Jahr befragt worden sein, nämlich am siebten Tag des Monats Bysios[17], des achten Monats im Delphischen Kalenders. Dieser war der Jahrestag der Geburt Apollons, einem Festtag in Delphi. Zu späteren Zeiten wurde das Orakel dann monatlich befragt, abgesehen von den drei Wintermonaten, in denen sich Apollon laut griechischer Mythologie bei den Hyperboreern, einem sagenumwobenen Volk aus dem Norden, aufhielt[18]. Die Frage, ob die Befragungen in den Wintermonaten komplett ausfielen, lediglich reduziert wurden oder normal stattfanden, ist dennoch umstritten.

Man kann außerdem die Art der Befragungen unterscheiden, so gab es gewöhnliche, die offiziell organisiert und bei denen das gemeinsame Opfer von der Stadt Delphi finanziert worden sind, und die ungewöhnlichen, die an quasi jedem Tag stattfinden konnten, bei denen das Opfer vom Fragesteller selbst aufgewendet werden musste[19]. Bei den außerordentlichen Befragungen mussten die Fragenden außerdem oft mit einem Los-Orakel vorliebnehmen[20]. Doch bevor es nun zur Befragung kam, musste noch die Reihenfolge geregelt werden, in der die Pythia befragt werden durfte. Dies wurde durch verschiedene Faktoren bestimmt. Zuerst einmal gab es Ankunftslisten, auf denen zwischen bevorrechtigten und normalen Bürgern unterschieden wurde. Laut Protokoll durften die Bürger Delphis vor allen anderen das Orakel befragen, danach kamen die anderen zwölf Mitgliedsstaaten der sogenannten Amphiktyonie[21] und danach alle Nicht-Griechen. Dieser Abfolge war aber immer noch ein Protokoll übergestellt, das Vorrecht der Promantie. Dieses Privileg konnte die Stadt Delphi an Privatpersonen, Gemeinschaften, Städte oder Völker verleihen, die dann ein Vorrecht

---

[15]George Roux, Delphi: Orakel und Kultstädten, München 1971, S.96.
[16]George Roux, Delphi: Orakel und Kultstädten, München 1971, S.104.
[17]Dieser entspricht der letzten Hälfte unseren Monats Februars und der ersten Hälfte unseren Monats März.
[18]Michael Maaß, Das antike Delphi: Orakel, Schätze und Monumente, Stuttgart 1997, S. 6.
[19]George Roux, Delphi: Orakel und Kultstädten, München 1971, S. 74.
[20]Hugh Loyd-Jones, „The Delphic Oracle", in: Greece and Rome Bd. 23, Nr1, 1976, S. 66.
[21]Ein Bund von zwölf griechischen Stämmen und Staaten, die es sich u.a. zu Aufgabe machten, dass Orakel zu schützen.

innerhalb ihrer Gruppierung erhielten, nicht jedoch vor den Einwohnern Delphis. Bei gleichem Anspruch wurde durch Los entschieden[22].

Jeder, der das Orakel befragte, verpflichtete sich zudem noch, eine kleine Opfergabe in Form von Naturalien wie Gebäck zu entrichten, den sogenannten Pelanos. War dieser anfangs noch, in Naturalienform, änderte er sich später zu einer Abgabe in Form von Geld, behielt aber den Namen Pelanos. Dieser wurde individuell angepasst, so kosteten Fragen nach staatlichen Angelegenheiten etwa mehr als private. Als nächstes wurde überprüft, ob der Gott einem geneigt war, an diesem Tag zu antworten. Dies geschah, indem man das Opfertier (Chresterion), meist eine Ziege, manchmal aber auch Stiere oder Wildschweine, mit kaltem Wasser besprizte; zitterte es am ganzen Körper, so sah man das Opfer als rein an und es wurde auf einem Altar geopfert und verbrannt. Nun durfte der Befrager in Adyton eintreten, aber erst, nachdem er sich in der Kastalischen Quelle gewaschen hatte, der gleichen Quelle, in der auch die Pythia sich reinigte[23], wo er abermals eine Opfergabe entrichten musste, und wurde dann von der Pythia empfangen[24]. Mit der Pythia warteten noch weitere Priester, die den Ablauf der Befragung genauestens auf Einhaltung der Riten und Gebräuche beobachteten. Dies waren die Prophetes, von denen es immer zwei an der Zahl gab, ihre Aufgabe war zudem, die Sprüche der Pythia zu interpretieren und an den Fragensteller weiterzugeben[25], sowie die Hosioi, von denen es immer fünf an der Zahl gab, dies waren Priester aus einem Adelsgeschlecht der Stadt Delphi, die ihren Ursprung bis auf Deukalion zurückführten, dessen Urenkelin Phemonoe die erste Pythia war[26]. Doch was genau ist eigentlich die Pythia? Sie war das Medium, über das Apoll zu den Menschen sprach, indem sie in einen tranceartigen Zustand versetzt wurde, wie genau ist heute unklar. Sie hatte das höchste Priesteramt inne, weshalb es wichtig war, dass sie aus einer ehrbaren Familie stammte und während ihrer Amtszeit fügsam gegenüber der der göttlichen Inspiration war[27].

Wie genau aber nun so eine Befragung aussah, ist äußerst umstritten, da es keine gute Quellenlage gibt. Dies ist darauf zurückzuführen, dass die meisten antiken Schriftsteller den Ablauf wahrscheinlich als so normal und alltäglich betrachteten, dass sie sich gar nicht erst

---

[22] George Roux, Delphi: Orakel und Kultstädten, München 1971, S.75 ff.
[23] Hugh Loyd-Jones, „The Delphic Oracle", in: Greece and Rome Bd. 23, Nr1, 1976, S. 66.
[24] George Roux, Delphi: Orakel und Kultstädten, München 1971, S. 78-83.
[25] George Roux, Delphi: Orakel und Kultstädten, München 1971, S. 59-60.
[26] George Roux, Delphi: Orakel und Kultstädten, München 1971, S. 61.
[27] George Roux, Delphi: Orakel und Kultstädten, München 1971, S. 64-67.

die Mühe machten, diesen konkret zu beschreiben[28]. Was uns aber erhalten bleibt, sind die Ritualmittel, die für eine Befragung notwendig waren:

Zum einen der Dreifuß, ein rundes Becken auf drei Stützen, zwischen denen man ein Feuer erhitzen kann, um Wasser zu erhitzen oder um zu kochen, also ein Gebrauchsgegenstand. Dieser galt als Symbol der Delphischen Wahrsagungen, da die Pythia während der Befragung auf ihm saß. Warum genau sie das tat, ist viel diskutiert sowohl bei den alten Schriftstellern wie bei den modernen. Nach den mystischen Deutungen der Pythagoreer etwa standen die drei Füße für Vergangenheit, Gegenwart und Zukunft, Porphyrios von Tyros sah ihn dagegen als Reliquienschrein, der die Gebeine des Apollon selbst beinhalten sollte[29]. Laut Parke and Wormell soll Apollon selbst oft auf einem Dreifuß sitzend dargestellt worden sein und die Pythia tat es ihm gleich als sichtbares Ebenbild und Sprachrohr[30]. Unter dem Dreifuß soll sich eine Öffnung im Boden aufgetan haben, aus der Gase oder Dämpfe aufstiegen, das Pneuma, welche die Pythia wiederum in ihre tiefe Trance versetzt haben sollen, dem sogenannten Chasma ges.[31] Auch hier sind die Meinungen verschieden um was genau es sich bei diesen Gasen handeln könnte, doch schließen die geologische Situation des Untergrundes und die Platzierung des Tempels einen wirklichen Austritt von Dämpfen wohl aus, weshalb es sich bei dem Hauch wohl vielmehr um Spirituelle Phänomene gehandelt haben muss[32]. Ein weiteres wiederkehrendes Ritualmittel ist der Lorbeer, eines der Attribute Apollons, des reinigenden Gottes, und verlieh eben dies, die reinigende Kraft. So soll die Pythia, um ihre Reinheit zu bewahren, unter Umständen auf Lorbeerstreu geschlafen oder es gekaut haben[33].

Die Rolle Delphis in der griechischen Kolonisation:

In der heutigen Forschung ist die wahre Rolle Delphis in der großen griechischen Kolonisation ein umstrittenes Thema. Dass es aber in den überlieferten Kolonisationserzählungen eine wichtige Rolle spielt, ist dagegen gesichert, da es ein wiederkehrendes Thema bei Gründungen dieser Zeit ist[34]. In der frühen Forschung beispielsweise gilt Delphi als Knotenpunkt, in dem Wissen über die bekannte Welt

---

[28]Herbert W. Parke, Donald E.W. Wormell, The Delphic Oracle Volume 1: The History, Oxford 1956, S. 17.
[29]George Roux, Delphi: Orakel und Kultstädten, München 1971, S. 112-115.
[30]Herbert W. Parke, Donald E.W. Wormell, The Delphic Oracle Volume 1: The History, Oxford 1956, S. 25.
[31]George Roux, Delphi: Orakel und Kultstädten, München 1971, S. 106.
[32]Michael Maaß, Das antike Delphi: Orakel, Schätze und Monumente, Stuttgart 1997, S. 7.
[33]George Roux, Delphi: Orakel und Kultstädten, München 1971, S. 117.
[34]Theresa Miller, Die griechische Kolosination, Tübingen 1997, S. 87.

zusammenlief und das Orakel die Kolonisationsbewegung so steuern konnte, während die neuere Forschung die aktive Rolle bezweifelt und von im Nachhinein entstandenen Sprüchen ausgeht, um etwa das Prestige einer Kolonie zu steigern oder jene zu legitimieren[35]. Der Historiker E. Curtius etwas bezeichnete Delphi als regelrechte „Emigrationsagentur", während eher gemäßigt eingestellte Historiker wie A. S. Pease diese Ansicht für übertrieben halten, aber dennoch eingestehen, dass die Befragung mindestens Teil des Ritus vor Neugründungen war[36]. Parke und Wormell sehen das ähnlich, sie schreiben etwas: „More probably the enquirers themselves had already heard of a suitable site and either deliberately or accidenty supplied the Delphic authorities in advance with the description oft the prospective location"[37]. Die eigentlichen Informationen zur Neu-Gründung waren also schon vorhanden, es brauchte lediglich die Zustimmung oder Ablehnung des Orakels. Diese Meinung wird weiter unterstützt durch J. Fontenrose, der den Einfluss und Informationshandel in Delphi als übertrieben darstellt: „Delphis modern reputation for advising colonists arises from scholars` reading too much into the passages cited and from accepting foundation legends and the spurious oracles in them as historically sound"[38]. Als Gründe, warum gerade ein nachträglicher Orakelspruch wichtig für eine Neugründung war, könnte neben des Prestiges auch der einfache Legitimierungsgrund für die Gebietsansprüche sein, und da Delphi rein geographisch ja buchstäblich in der Mitte der bekannten Griechischen Welt lag, wollte man den Anschluss/Kontakt zum Zentrum dieser Welt, das auch das Zentrum der Religion war, nicht verlieren, um sich kulturell dem Mutterland zugehörig fühlen zu können[39].

Tatsächlich weisen viele Kolonialstädte Referenzen zu Apollon auf. Dies wird klar, wenn man die Namen der neugegründeten Städte betrachtet, bei denen die zweithäufigst anzutreffende Appolonia war. Auch auf Münzen dieser Kolonien war der Orakelgott oft vertreten und viele Tempel und Altäre nach ihm benannt, so z.B. in Naxos, der ersten griechischen Kolonie auf Sizilien, gegründet 734 v. Chr.[40]. Dies taten sie wahrscheinlich aus Dank für die geglückte Gründung.

---

[35] Veit Rosenberger, Griechische Orakel, Darmstadt 2001, S. 69.
[36] Theresa Miller, Die griechische Kolosination, Tübingen 1997, S. 89.
[37] Herbert W. Parke, Donald E.W. Wormell, The Delphic Oracle Volume I: The History, Oxford 1956, S. 50.
[38] J. Fontenrose, The Delphic Oracle: Ist Responses and Operations (with a catalog of responses), Berkeley: Los Angeles: London: University of California Press Ltd. 1978, S.144.
[39] Theresa Miller, Die griechische Kolosination, Tübingen 1997, S. 93.
[40] Theresa Miller, Die griechische Kolosination, Tübingen 1997, S. 89.

Der Oikist

Die wichtigste Rolle bei Neugründung hatte der sogenannte Oikist. Er war der Kolonisationsleiter und auch derjenige, der die Zustimmung des Orakels oder eben den Auftrag des Unternehmens entgegennahm[41]. Doch hatte dieser mehr als nur die Gründerrolle inne, er erhielt nämlich quasi das Geschenk der Kolonie von Apollon selbst, was ihn auch zum religiösen Führer machte und damit zur größten religiösen Autorität[42]. Zu seinen Aufgaben zählte es, die Stadtmauer zu bauen, Heiligtümern und öffentlichen Gebäuden ihren Platz zuzuweisen, den Straßenverlauf zu bestimmen, das Land einzuteilen und das Baumaterial für diese Vorhaben bereitzustellen[43]. Dabei galt es vor allen Dingen zwischen öffentlichem Raum und religiösem Raum zu unterscheiden[44]. Der Oikist wählte die neuen Kulte, die in der Stadt verehrt wurden, nämlich selbst und gab den Göttern damit ein neues Zuhause in der Kolonie, aber auch in der Gemeinschaft[45]. Er war außerdem derjenige, der die politische und militärische Macht innehatte, weshalb oft geachtete Männer gewählt wurden, etwa Adlige oder Olympiasieger[46]. Die Gründungsperiode solch einer Polis galt dann als abgeschlossen, wenn der Oikist starb[47]. Oft wurde dieser nach dem Tod als Heros verehrt und es entwickelte sich ein eigener Gründerkult mit dem Oikisten im Mittelpunkt. Zu seinen Ehren wurden Spiele abgehalten und Opfer dargebracht[48]. Der Einfluss wird deutlich, wenn man sich anschaut, wo dieser begraben wurde, nämlich anders als andere Bürger der Stadt, nicht etwa außerhalb, in einer Nekropole, sondern mitten auf der Agora, dem Hauptversammlungsort, was aufzeigt, wie sich die ganze Polis mit dem Heros identifizierte. Dessen ungeachtet blieben die Kulte oft nur regional relevant[49].

---

[41]Theresa Miller, Die griechische Kolosination, Tübingen 1997, S. 193.
[42]Irad Malkin, Religion and Colonization in Ancient Greece, Leiden; New York; Koppenhagen; Köln: 1987,S. 27.
[43]Theresa Miller, Die griechische Kolosination, Tübingen 1997, S. 194.
[44]Irad Malkin, Religion and Colonization in Ancient Greece, Leiden; New York; Kopenhagen; Köln: 1987,S. 135.
[45]Irad Malkin, Religion and Colonization in Ancient Greece, Leiden; New York; Kopenhagen; Köln: 1987,S. 185.
[46]Theresa Miller, Die griechische Kolonisation, Tübingen 1997, S. 194.
[47]Irad Malkin, Religion and Colonization in Ancient Greece, Leiden; New York; Kopenhagen; Köln: 1987,S. 27.
[48]Irad Malkin, Religion and Colonization in Ancient Greece, Leiden; New York; Kopenhagen; Köln: 1987 ,S. 190.
[49]Irad Malkin, Religion and Colonization in Ancient Greece, Leiden; New York; Kopenhagen; Köln: 1987 ,S. 200-201.

Gründungsorakel aus Herodots Historien

Um diese Rolle noch besser zu verstehen, werden wir uns im Folgenden einige Gründungsorakel genauer ansehen. Fontenrose geht von etwa 50 bekannten delphischen Orakelsprüchen aus, die Gründungen von Kolonien und Städten beinhalten[50].

Kyrene

Herodot schreibt über zwei Versionen der Gründung Kyrenes, einer Kolonie in Libyen im siebten Jahrhundert v. Chr.[51]: die eine soll kyrenisch[52] und die andere theraisch sein[53].

Die beiden Versionen ähneln sich im Grundsatz und den Geschehnissen. In der theraischen Version kommt König Grinnos mit einer Hekatombe[54] nach Delphi, um das Orakel wegen komplett anderer Dinge zu befragen, doch die Pythia sagt ihm, er solle in Libyen eine Stadt gründen[55]. Dies tut er jedoch nicht und begründet es damit, dass er zu alt sei. Daraufhin wütet eine siebenjährige Dürre auf Thera und sie fragen erneut das Orakel, was zu tun sei, mit der gleichen Antwort, eine Stadt in Libyen zu gründen. Schließlich besiedelt er die Insel Platea vor der Küste Libyens zusammen mit mehreren Siedlern. In der kyrenischen Version ist es von vornherein Battos, der spätere Oikist, der das Orakel wegen seines Sprachfehlers befragt. Ab diesen Zeitpunkt gleichen sich die Geschichten wieder. In der kyrenischen Version ist es Battos, der das Orakel befragt, missachtet, und darauf eine Dürre auf Thera folgt. Er befragt das Orakel ebenfalls ein zweites Mal und landet auf Platea. Doch trotz der vermeintlichen Einhaltung des Orakelspruches geht es den Theraiern abermals nicht gut, weshalb sie ein drittes Mal nach Delphi schicken und versuchen zu erklären, sie hätten doch in Lybien angesiedelt. Darauf antwortet die Pythia das Folgende:

„Kennst du besser als ich, der dort war Libyens Herden:

Dich, der du nicht dort warst, muss ich ob deiner Weisheit bewundern"[56]

Es stellt sich also heraus, dass die Theraier nie in Libyen selbst Fuß fassten, sondern auf einer Insel davor, weshalb die Anstrengungen nie glückten. Als sie schlussendlich das Festland

---

[50] J. Fontenrose, The Delphic Oracle: Ist Responses and Operations (with a catalog of responses), Berkeley: Los Angeles: London: University of California Press Ltd. 1978, S. 137.
[51] Hdt. IV, 150-159.
[52] Hdt. IV, 154-158.
[53] Hdt. IV, 150-153.
[54] Eine Hekatombe ist ein Opfer von 100 Rindern.
[55] Hdt. IV, 150.
[56] Hdt. IV, 157, 2.

betreten, gelingt auch die Gründung der Stadt Kyrene. Damit wird Battos zum Oikisten, späteren König der Stadt und Vollstrecker der Weisung Appollons[57].

Der Zug des Dorieus

Ein weiterer wichtiger Quelltext für die Rolle des Orakels bei Kolonisationen ist die über die gescheiterte des Spartaners Dorieus[58],[59]. Dieser sei so empört darüber gewesen, dass er bei der Thronfolge übergangen wurde und sein Halbbruder Kleomenes den Thron erhielt, dass er sogleich mit einigen Spartiaten, ohne vorher das Orakel befragt zu haben, auswanderte. Herodot schreibt:

„Er fragte aber nicht beim Orakel in Delphi an, in welches Land er zur Gründung einer Kolonie gehen sollte, und erfüllte auch die anderen Auswanderungsbräuche nicht."[60]

Zwei Jahre nachdem er am Fluss Kinyps in Libyen eine Stadt gründete, vertrieben ihn die libyschen Stämme der Maken und Karchedonier und er kehrte zum Peloponnes zurück. Dort riet ihm Antichares aus Eleon, am Eryx zu siedeln, doch Dorieusn sicherte sich diesmal beim Orakel in Delphi ab, welches ihm eine Eroberung des Landes vorhersagte. Doch schon bald starb er in der Schlacht um Sybaris, bei der er vor seiner Ankunft am Eryxnden Krotoniaten zum Sieg verhalf, so schildern es zumindest die Sybariten[61]. So handelte er gegen den Orakelspruch, da er nicht ohne Umwege den Weg zum Eryx suchte. Laut der Schilderung der Krotoniaten hatte Dorieus nie an dieser Schlacht teilgenommen, was Herodot letztendlich jedoch den Leser entscheiden lässt.

Auffällig ist hier, dass Herodot versucht, dass Nicht-Eintreten des Orakelspruches zu begründen, da er von der unbedingten Gültigkeit des göttlichen Spruches ausgeht. Der Orakelgott kann grundsätzlich nicht falsch liegen und es muss von einer Nicht-Beachtung des Spruches ausgegangen werden[62].

---

[57]Theresa Miller, Die griechische Kolosination, Tübingen 1997, S. 207.
[58]Hdt. V., 42-46.
[59]Theresa Miller, Die griechische Kolosination, Tübingen 1997, S. 122.
[60]Hdt. V, 42, 2.
[61]Hdt. V, 44, 1.
[62]Theresa Miller, Die griechische Kolosination, Tübingen 1997, S. 121.

Die Authentizität der Orakelsprüche

Am ausführlichsten mit der Authentizitätsfrage hat sich wohl Fontenrose befasst, der die Orakel einordnet in historische, legendäre, fiktive und quasi-historische Orakel[63]. Die historischen[64] seien solche, die in zeitgenössischen Aufzeichnungen oder Inschriften wiederzufinden sind. Diese seien größtenteils echt, auch wenn es dafür keine absolute Garantie gibt, da menschliche Fehler immer passieren können. Weniger echt seien solche, die durch Hörensagen zum Verfasser gelangten. Dabei stellt er aber heraus, dass historisch nicht gleichzusetzen sei mit echt, sondern lediglich eine objektive Klassifizierung sei. Er zählt 75 Antworten zu diesen. Quasi-Historische Antworten[65] sind solche, die angeblich in historischer Zeit (800 v. Chr.) verfasst worden sein sollen, dass heißt, dass sie so geschrieben sind, als ob sie in historischen Zeiten verfasst wurden. Von diesen 268 Quasi-Historischen Orakeln sieht er einige als authentisch, andere als weniger authentisch an. Die legendären Antworten[66] sind laut Fontenrose solche, die in den dunklen Jahrhunderten passiert sein sollen, also vor 800 v. Chr., und solche, die zu Volksmärchen und Fabeln gehören, von ihnen soll es 176 geben. Die fiktiven Antworten[67] schlussendlich sind jene, die von Dichtern, Dramatikern und Romantikern ausgedacht wurden und nie den Anspruch hatten, als echt zu gelten. Zu ihnen gehören 16 Antworten. Die historischen Antworten sind oft klare Ortsangaben, Befehle oder Sanktionen zu religiösen, privaten und öffentlichen Angelegenheiten. Sie sind nicht wie die legendären Antworten aufgebaut, in denen meist außergewöhnliche Vorhersagen, Warnungen oder zweideutige Befehle enthalten sind. So sieht es auch bei den Quasi-Historischen Antworten aus, die viele Charakteristika der legendären übernehmen und damit als unauthentisch angesehen werden müssen.

Parke und Wormell hingegen haben ihre ganz eigene Einteilung. Authentisch sind für sie lediglich solche Orakel, die direkte geographische Richtungsanweisungen enthalten. Alle Orakel etwa, die Mehrdeutigkeiten, Fabeln, Sprichwörter oder unwahrscheinliche

---

[63] J. Fontenrose, The Delphic Oracle: Ist Responses and Operations (with a catalog of responses), Berkeley: Los Angeles: London: University of California Press Ltd. 1978, S. 7-10.
[64] J. Fontenrose, The Delphic Oracle: Ist Responses and Operations (with a catalog of responses), Berkeley: Los Angeles: London: University of California Press Ltd. 1978, S. 7.
[65] J. Fontenrose, The Delphic Oracle: Ist Responses and Operations (with a catalog of responses), Berkeley: Los Angeles: London: University of California Press Ltd. 1978, S. 8.
[66] J. Fontenrose, The Delphic Oracle: Ist Responses and Operations (with a catalog of responses), Berkeley: Los Angeles: London: University of California Press Ltd. 1978, S. 8-9.
[67] J. Fontenrose, The Delphic Oracle: Ist Responses and Operations (with a catalog of responses), Berkeley: Los Angeles: London: University of California Press Ltd. 1978, S. 9.

Voraussetzungen enthalten schließen, sie als nicht-authentisch aus, was einen Großteil der Orakel betrifft[68].

Fazit

Das Orakel von Delphi ist nicht ohne Grund seit so langer Zeit Mittelpunkt der wissenschaftlichen Diskussionen. Dass es einen großen Einfluss auf die Fragen der Griechen und deren Leben hatte, scheint auf der Hand zu liegen, da es in der Kunst und Kultur so oft rezipiert wurde. Den genauen Einfluss auf die griechischen Kolonisationsbewegungen zwischen 750 v. Chr. und 500 v. Chr. werden wir aber aller Wahrscheinlichkeit vorerst nicht klären können, ohne dass neue Erkenntnisse oder Funde auftauchen, die die Diskussion neu befeuern. Durch das fehlende Wissen des genauen Ablaufs der Befragung und genauen Orakelsprüchen kann man oft nur Vermutungen aufstellen, in welcher Weise genau der Einfluss des Orakels in der archaischen Welt real war. Hat das Orakel die Kolonisation vorangetrieben durch gezielte Wissensbündelung und einer einflussnehmenden Priesterschaft oder kam das Orakel erst zu einem solchen Ruhm durch die Kolonisation und die Berufung auf das Orakel bei einer geglückten Neu-Gründung? Dachte man früher noch ersteres, hat sich die moderne Wissenschaft von dem Standpunkt der gezielten Einflussnahme entfernt. Trotzdem darf man den religiösen Einfluss des Orakels auf die archaische Welt der Griechen nicht unterschätzen. Der Einfluss des Orakelgottes lässt sich in Städtenamen, Tempeln und den Erzählungen der alten Geschichtsschreiber erkennen. Für eine neue Kolonie war es unabdingbar, dass der Oikist den göttlichen Segen wenigstens bestätigt wusste, was die rituelle Stellung des Orakels widerspiegelt.

---

[68]Irad Malkin, Religion and Colonization in Ancient Greece, Leiden; New York; Kopenhagen; Köln: 1987 ,S. 20.

Literaturverzeichnis

Quellen:

Aeschylos

Aeschylus: Eumenides, gr.-en., übers. u. komm. v. Anthony J. Podlecki, Warminster 1989

Euripides

Euripides: Iphigenia in Tauris, gr.-en., hrsg., übers. u. komm. v. M. J. Cropp, Warminster 2000

Herodotus

Herodotus: Historien, gr.-d., hrsg. u. übers. v. Josef Feix, Düsseldorf 2006

Homer

Homer: Homerische Hymnen, gr.-d., hrsg. u. übers. v. Anton Weiher, München; Zürich 1989

Literatur:

Fontenrose, Joseph, The Delphic Oracle: Ist Responses and Operations (with a catalog of responses), Berkeley: Los Angeles: London: University of California Press Ltd. 1978

Loyd-Jones, Hugh, „The Delphic Oracle", in: Greece and Rome Bd. 23, Nr. 1, 1976

Malkin, Irad, Religion and Colonization in Ancient Greece, Leiden; New York; Kopenhagen; Köln: 1987

Maaß, Michael, Das antike Delphi: Orakel, Schätze und Monumente, Stuttgart 1997

Miller, Theresa, Die griechische Kolonisation im Spiegel literarischer Zeugnisse, Tübingen 1997

Parke, Herbert W., Wormell, Donald E.W., The Delphic Oracle Volume 1: The History, Oxford 1956

Rosenberger, Veit, griechische Orakel, Darmstadt 2001

Roux, George, Delphi: Orakel und Kultstätten, München 1971

BEI GRIN MACHT SICH IHR WISSEN BEZAHLT

- Wir veröffentlichen Ihre Hausarbeit, Bachelor- und Masterarbeit

- Ihr eigenes eBook und Buch - weltweit in allen wichtigen Shops

- Verdienen Sie an jedem Verkauf

Jetzt bei www.GRIN.com hochladen und kostenlos publizieren